Armisticio
(2008-2018)

ARMISTICIO
(2008-2018)

Ben Clark

84/Poesía

Primera Edición en SLOPER: febrero de 2019
Fotografía de portada: © *José del Río Mons*

C/ Victoria, 2, 3º C
07001 Palma de Mallorca
www.editorialsloper.es

Depósito Legal: PM 10-2019
ISBN: 978-84-17200-19-0

Per Laura, la mia pace.

Después los obreros juntarán
ladrillos que todavía sirven
y harán una ciudad nueva
en otra parte

LUCIANA REIF

CAMPUS

Algo funciona bien en este campus.
Es la hierba.
No son los cuerpos tersos, tan perdidos
en la mañana obtusa del deseo.
No son estas palabras; no es el agua
de esta fuente maltrecha y ponzoñosa.

Es la hierba.

Crece sin esperanza y crece verde,
constante, compasiva.
Y hay veces que se eleva
y viaja entre carpetas y entre apuntes estériles
de asignaturas muertas. Es la hierba.
Dolorosa y paciente. Su embajada y su lecho.
La hierba verde y triste.
Oda a la juventud recién cortada.

QUISIERA HABLARTE AHORA DE LA ORILLA

No es agua ni arena
la orilla del mar.
JOSÉ GOROSTIZA

Quisiera hablarte ahora de la orilla
del mar; allí jugaba y otros niños
se burlaban de todos mis intentos.
Fueron reyes de palacios

altos, hermosos
que el agua no alcanzaba.
Eran hermosos.

Y no hubo nunca tregua
salvo por la resaca
y la arena escurriéndose entre los dedos
me conmovía
y la arena escurriéndose entre los dedos
no detenía a nadie,
no impresionaba a nadie.
Sólo arena escurriéndose entre los dedos.

Hoy no soy distinto de los otros,
no soy mejor persona, pero fui
un verano o quizá más de un verano
príncipe de la orilla.
Mi imperio era el fracaso
y mi reino no era mar ni era tierra.

EN ESTE VERSO

En este verso está mi juventud.
En ningún otro sitio. Me dijeron
otras cosas, algunas
buscaban confundirme. Daba igual,
sabía que al final y sin que nadie
me indicara el camino encontraría
lo que andaba buscando en las aceras;
mi juventud, allí,
en ese primer verso;
principio de un poema que en su inicio
prometía ser más y que aquí acaba.

850 KM/H

Qué sencillo era amar cuando el piloto
decía agarra aquí.
Ahora estás volando. Ten cuidado.
Y qué sencillo el sol; qué comprensible
al caer sobre el bosque de las piñas naranjas,
donde más de una vez
leímos en el musgo los futuros
sencillos que aguardaban como perros
detrás de los pupitres.
Ahora estás volando y nadie teme,
las torres no han caído y la aerolínea
no ve mal que los niños visiten a sus héroes.
Era un tiempo anterior a tanto miedo
y un mar de nubes blancas lo prometía todo.

EN EL AGUA

Una vez
vi un niño
de verdad.
Era frágil
y torpe.
Tenía una mirada
amapolada
y la piel del color
indefinido
de los acantilados
en la Antártida.

Nada más verlo,
supe que era
un niño de verdad:
parecía un hombre
viejo.

EN EL FUEGO

Una vez y
más tarde
otras veces
vi un hombre
de verdad.
Supe en todo momento
que era un hombre.
Nada
lo distinguía
de otros hombres.

EL CIRCO

Tuvimos que esperar y hacía frío.
Mi hermano era pequeño —yo también—
y habíamos dormido poco y mal
pensando en los animales, en qué sé yo; en las promesas
innombrables del circo.
Y recuerdo que fue todo eso y más.
Y las luces, las risas, las caídas que no
hacían daño. Todo era posible
y mamá nos compró un globo después
y tras un par de semanas le hicimos un agujero
para inhalar el gas y hablar como pitufos.

Pero antes de pinchar el globo fuimos
unos cuantos a verlos empaquetar el circo:
la carpa y su esqueleto, las gradas, sucias, tristes,
los leones taimados en su jaula.
Pronto no quedó nada y cobrados pusieron
rumbo a otros pueblos, a otros sueños niños.
Nos dejaron así, en el descampado,
imitando al león, diciendo aquí
se ponía el forzudo; aquí el camello.
Jugando entre papeles a payasos
y adorando el vacío al exclamar:
«Todo esto, amigos, todo lo que veis, era circo».

OMENAGE A ROBERTO BOLAÑO

El hombre ya no ocupa ningún centro.
El hombre no es el centro de su vida.
Ni tampoco es el centro de su muerte.

Pero piensa, pensamos, que no es cierto,
que el hombre es importante todavía,
que el hombre está y que allí se aferra, fuerte.

El hombre, tan contento con su muerte,
que pasea, que vive así su vida:
convencido de ser su propio centro.

Que temprano se muere y no, no es cierto
que ser inteligente te haga fuerte
o que no estemos muertos todavía.

LA MECCANICA DELLE EMOZIONI

Dos cuerpos abrazados en un coche.
Dos cuerpos que se excitan
bajo los ojos fríos de los astros
y bajo la mirada de las gotas
limpias que se acumulan, silenciosas,
sobre el vidrio tintado.
Si pudiera volver a aquella noche
me diría tranquilo, compañero,
intenta estar tranquilo en esta espera,
te abruman los poemas, las preguntas,
tu losa adolescente de cartón.
Pero este coche es tuyo y es tu imperio,
y hay hambre en su mirada y en tus manos.
Cierra los ojos, quédate tranquilo,
sois jóvenes y hermosos
y la noche, a través del parabrisas,
vela la eternidad como una viuda.

OMENAGE A ERIC

Recuerdo al joven Eric,
que fue joven y joven hasta el fin.
Vivía con sus padres en un valle
fértil con agua. Nunca fue al colegio
y eso nos parecía algo salvaje
y una suerte.
Mi hermano, Eric y yo,
los hijos de los hippies de la isla.
Los frutos de una idea evanescente
que se cumplía en Eric,
que no tenía miedo a las alturas,
que tenía escopeta y desnucaba
la gallina que luego cenaríamos.

Me confesó el secreto de las piñas:
«si entierras una piña crece otra».
Era dueño de un asno mal llamado
Houdini, que era viejo
y habitaba las sombras del estío
al final de una cuerda.
Tenía un tren pequeño de juguete
que era el único tren del archipiélago.
No tuvo nunca tele.
Apenas tuvo amigos.

Ocurrió que una vez fue abandonado
sin querer al volver de una excursión:

llegaron los dos coches a la casa
pensando que en el otro estaba Eric.
Chirriaron las ruedas y hubo gritos
en la noche cerrada. Pero no apareció.
Sólo el mar contra los acantilados
y un niño que no está.
Vagó toda la noche entre los árboles,
sin luna, y nadie sabe dónde estuvo.
Por la mañana un cura que vivía
muy lejos lo encontró dormido en el jardín.

Murió muy a principios del milenio,
en un piso de Londres, poco antes de los veinte.
Se compró un libro gordo de nudos marineros
y se ahorcó en la escalera.
Muchos años después hubo un incendio
que arrasó todo el valle de su infancia.
Los padres se marcharon a otro sitio
y ya sólo nos queda este poema.

INSTRUCCIONES PARA UNA INFANCIA IDÍLICA EN EL CAMPO

Para mi hermano Daniel

1
(Para hacer una guerra de piñas)

De poco sirve ser
un gran guerrero
en las guerras de piñas.
No hace falta
tener mucho valor
ni ser muy rápido,
tampoco es necesario
ser muy listo.
En una guerra
de piñas lo que hace falta
es recolectar
muchas piñas
y alguien a quien lanzarle
aquellas piñas
con miedo a hacerle daño.

2
(Para matar bichos sin pena)

Eras un asesino despiadado.
Lo erais todos. Algunos, lo recuerdas,
merecían el nombre mucho más.
Pero cuando la muerte entró en escena,
blanca y joven, vestida
con la chaqueta negra de un amigo,
matar lagartos con el tirachinas
ya no te parecía una manera
perfecta de matar el tiempo. Pronto
te resultó imposible acompañarlos.
Pero ellos continuaron. A pesar
de ser dos menos, porque eran dos menos
continuaron, y a veces los oías
desde el jardín de casa, y, otras veces,
pasabas muchos días sin oírlos
y te acordabas mucho de ese amigo
y sentías que todas las cosas te miraban.

3

(Para esconder revistas pornográficas)

Para esconder revistas pornográficas
hay que buscar un bosque mal cuidado
y un puñado de amigos excelentes.

NOTA: si bien es cierto
que hoy en día un teléfono les basta
a los adolescentes
(pantallas personales en cuartos en penumbra)
dejo aquí estos tres versos instructivos.
Porque nuestra pequeña
cooperativa guarra en aquel bosque,
y el secreto vibrante del arbusto
tupido que escondía la mochila,
son también mis tesoros cuando, solo,
cierro los ojos para recorrer
de nuevo el bosque y todo me resulta
cálido y excitante.
Pero ya no me acuerdo de las fotos.

4
(Para saber que es la hora de volver)

Que la señal te alcance en el crepúsculo
aunque estéis en el río, al otro lado
del valle. Recomiendo una campana.
Eso usaban mis padres:
una campana en tierra que podría
habernos recordado
a una iglesia si hubiéramos sabido
lo que eran las iglesias, o a un barco
en medio de la niebla, pero no;
nos hacía pensar en el regreso,
en patatas calientes, en dejar
atrás el salvajismo de la tarde
para volver a ser los que creían
nuestros padres que éramos.

5
(Para dejar el campo para siempre)

Aunque no te lo creas, siempre es tarde
para volver al campo.
Porque es verdad el tópico:
antes todo esto *era* campo, pero
antes todo esto *eras* también tú,
niño fiero del bosque de las piñas,
antes todo esto eras también tú,
y tu cuenta corriente eran canicas
y tu único temor
era tardar tantísimo en crecer.

OMENAGE A TACIO POMPONIANO

Después del aseo, se sienta a la mesa
y come algo con buen humor o
(lo que no es menos hermoso)
finge que está de buen humor.
TÁCITO (EPISTULAE, VI, 16)

Se encontraba en Miseno comandando la flota,
–qué momento más dulce para ser pensador:
sin Nietzsche, sin Kant, sin Shakespeare ni Yeats–
navegaba empujado por la seguridad
que confiere el saber que ningún hombre
fue más contemporáneo; la dicha
sutil de ser el molde de la Historia.
Era un tiempo anterior a la ironía
y por lo tanto un tiempo muy irónico.

Y era fácil pensar que en pocos siglos
alguien inventaría el histrionismo,
el marxismo, el cubismo, el pacifismo
y, en fin, todos los *ismos* que ignoraba,
inmerso en las tinieblas de un volcán
que se cernía sobre las inquietudes puras.

ÁRBOLES

No recojas la palabra.
Déjala en el suelo deja
que otros vayan a buscarla.
JOSÉ AGUSTÍN GOYTISOLO

Cuando a mí me explicaron la semántica
el viejo profesor nos dijo a todos:
«Quiero que se imaginen un gran árbol».
Y nosotros, que aún no conocíamos
el amor ni la pérdida, pudimos.

Y me imaginé un pino sin saber
si aquello estaba bien, si no sería
mejor haber pensado en otra cosa;
un álamo o quizás un alcornoque.

«¿Y usted en qué ha pensado?»
«En un pino, señor», dije afligido.
«¡Ah!», dijo el profesor, meditabundo.

Y entonces escalé para escapar
del profesor, del aula y de los ojos
huecos de la semántica. Subí
hasta sentir las ramas doblegarse,
hasta escuchar que el pino me advertía:
«No subas más, mejor hubieras hecho
imaginando un roble, vuelve, ¡vuelve!»

Pero yo no sabía de semántica
y ascendí hasta quedar en equilibrio,
a merced de cualquier idea o viento.

Y desde allí, por fin, los pude ver:

sonreían con miedo entre las copas;
sobre abedules, plátanos, sabinas,
magnolias, eucaliptos y secuoyas.

Y un errático punto allá en el suelo
hablaba de los árboles, del árbol,
de la significancia y de otras cosas.

Pero nadie escuchaba sus palabras.

APUNTES SOBRE HOUELLEBECQ

Para Javier Cánaves

Los hombres que han nacido en una isla
(y afirman que nací en una isla)
pisan la tierra firme
locos por explicarse y por contarlo
a todos sus vecinos.
Y si están en la costa
fijan los ojos en el horizonte
y se preguntan qué
es lo que están sintiendo; si es nostalgia
congénita, si hay células antiguas
en sus huesos capaces del recuerdo.
Locos por explicarse, se lo dicen
a todos los que encuentran y sucede
entonces, como es lógico,
que los continentales no comprenden
por qué les balbucea aquel isleño
y lo van ignorando, poco a poco.

Sólo cabe añadir que, como es lógico,
si el isleño conoce a otro isleño
(lo cual por otro lado es imposible)
se suicida o lo mata o se enamora
sin comprender jamás la diferencia.

OMENAGE A LA GEOGRAFÍA

Recuerdo una discusión feroz
en clase de geografía. El profesor
nos había dicho que el número
de paralelos y meridianos era infinito.
Imposible, gritamos.

Imposible.

Nosotros éramos apenas unos niños que,
como todos los niños, veníamos de la muerte
y la conocíamos bien. Nosotros
éramos apenas unos niños
frente a un profesor de geografía,
apóstatas de la infinitud frente a un hombre
que ya transpira,
que se enrojece,
que ya parte la segunda tiza por la mitad
mientras berrea sobre la necesidad de que entendamos
la incuestionable infinitud de unas líneas invisibles.

Algunos creyeron comprenderlo y abandonaron
las canicas para siempre.
Vagaban como celadores por los pasillos
durante el recreo, calculando y comentando
la cantidad de paralelos y meridianos
que les perforaban en cada instante.

Los sansebastianes, los llamábamos,
víctimas de aquel Diocleciano geográfico y pervertido,
fiel servidor del dios Azimut.
Si bien la comprensión del fenómeno condujo
a *los sansebastianes* directamente al funcionariado,
la sospecha de que aquello pudiera ser cierto
también causó estragos entre aquel deleble puñado
de futuro que constituía 3ºB: algunos
—la mayoría— abandonaron la literatura
para siempre,
otros se aferraron a ella como balseros con tisis.

Los que pertenecíamos al segundo grupo
debíamos sufrir una condena que iba más allá
de un suspenso en materia de geografía. Sería
imprescindible mantenerse en movimiento,
recorrer cada escorzo del mundo y huir
de la inmisericorde mirada de Greenwich.

La lectura paliaba el miedo.

Despistábamos las latitudes recorriendo
páginas sin descanso.
Lo que el escritor ha unido
que no lo separe el hombre
nos había dicho el profesor de literatura,
pero nunca supimos qué es lo que nos quiso decir.
Puede que no significara nada,
del mismo modo que el empeño vacuo
del geógrafo proselitista tampoco tenía
que habernos afectado del modo en que lo hizo.
Pero las cosas son así. Tenemos
la cabeza tatuada con las máximas

herméticas de uno, con las cifras incontestables
del otro.
Recorremos el mundo cada vez en un sentido
diferente y leemos,
sobre todas las cosas,
leemos
para olvidar,
para ser veloces,
para que no
nos puedan definir las coordenadas.

OMENAGE A TIMOTHY TREADWELL

Porque el fin de las vidas improbables
es el principio gris de la tristeza.
Porque los nombres ilustres no velan
en su panteón por la humanidad
y no es verdad que exista un sitio enorme
que guarde un ejemplar de cada libro
publicado en el mundo.
La muerte de la última vida improbable
nos asesina a todos cada día,
nos reduce a lo que realmente somos:
un montón de carne, de material ingerible
programado para pudrirse
(ya veis,
qué divertido).

No se trata de vidas egoístas:
son vidas armadas que los demás,
que gozamos de nuestras vidas predecibles,
que los demás,
que etiquetamos, que enumeramos,
que siempre guardamos fuerzas para la vuelta,
no podemos imaginar sin orinarnos encima.
Y es que el fin de las vidas improbables
será también el fin de la esperanza.

OMENAGE A LOS POETAS

Siempre habrá un estudiante dislocado,
un tipo que se sepa ya tu chiste,
un cartel de se vende o se traspasa.

Y no es que existan cosas que no cambian,
es que hay cosas que cambian y no importa.

El amor no ha dejado de mutar
y sin embargo míranos aquí;
cantando con los mismos artificios
baratos que otros muchos
ya usaron (y mejor). Es lamentable.

Es lamentable, sí, pero es humano
y en ser humanos somos los mejores
por mucho que le pese a la robótica.

Así se acaba el mundo, sin un *bang*
y sin un gimoteo:

se acaba entretenido en el asunto
de vivir, de ir viviendo sin causarles
demasiadas molestias a los padres,
a los hijos, a quien se nos acerque.

¿Vendrá la claridad del cielo un día?

Es igual: al final todo es lo mismo.

PARA ESTO

Este zumo de piña es necesario,
este piso (pequeño) es necesario,
pero el piso tampoco es el poema.

Mi editor, y el portátil que me dio,
las pruebas, correcciones, cada folio
arrugado y también la papelera.

Ese curro (supongo) es necesario,
y la ropa y la luz y hasta el teléfono.
(¡Y don Félix Rubén García Sarmiento!)
Y parece también indispensable
el bolígrafo azul y la libreta.

Alguna borrachera y todo el sexo.
Pero hay que recordárselo a menudo:
nada de esto es ni puede ser poema.

LA PALABRA

Cuando llegó a nosotros la palabra
estaba estropeada. «No funciona»,
dijeron con tristeza algunos hombres.
«Hemos perdido el tiempo», dijo un niño.
Algunos simplemente la observaron.
Hubo uno que avanzó
armado con diez libros de poemas.
Pero todo era inútil.
                                        La palabra
seguía sin moverse y sin hablar.
El hombre de los libros la escupió.
Después se dirigió a la muchedumbre:
«Si quieren mi consejo, deberíamos
ponerla en la glorieta y que decore.
Porque esto no nos sirve para nada».

NO QUIERO

Yo no quiero una calle en mi ciudad
ni en la ciudad feliz donde fui joven
ni en esta otra ciudad donde me muero.
Y no, no soy modesto, ni me abruma
la idea (bien bonita, la verdad)
de tener una calle corta y fea
o que la gente escupa sobre el suelo
de mi nombre o que un niño flaco acabe
debajo de las ruedas de un camión
que reparte butano en esa calle.

Lo que a mí me fastidia es que, hoy en día,
si le ponen tu nombre a cualquier sitio,
la huella que se imprime en internet
al rastrear tu nombre son ofertas
de pisos y de plazas de garaje.

TAE

Y el futuro
es del Banco
de Santander.
ROGER WOLFE

Llévele este poema al director
del banco del poeta y se lo entrega.
Procure que el señor le dé un recibo.
Si hiciera el ademán de levantarse
levántese también. Y si le diera
las gracias debe usted comunicarle
que las gracias aquí no pintan nada,
que sólo estoy cumpliendo con mi parte,
que el crédito ha quedado amortizado.

Traiga usted caramelos, si es posible,
y no salga de allí sin el recibo.

SAMANTHA

Fascina comprender muy pocas cosas.
Pasear por la Tierra como quien pisa un circo
con nueve años y medio.
Pocos saben
que yo tuve una hermana,
más pequeña.
Se llamaba Samantha y susurraba
si estaba sola cosas que no sé.
Pero la historia es otra: yo decía
que fascina ignorarlo casi todo;
el nombre que amaremos y el dinero
que podremos gastarnos en helados.
Hubiera sido hermoso que Samantha
fuera un recuerdo hermoso;
que yo pudiera hablaros de la tarde
en que fuimos al circo a ver el ligre
y que ahora me extendiera
con una descripción de su vestido
—manchado de vainilla y chocolate—,
pero estamos llegando,
el tren se ha detenido y no te olvides,
Samantha, no te olvides
nunca de estas palabras. Yo me duelo
si me voy a la cama sin decirte,
extraña hermana, niña atormentada,
fascinante presencia en el poema.

CONTRA LA LITERATURA

Para Alberto de la Rocha

No hay nada más inútil que escribir.
Nada más dependiente que los libros.
Pero Alberto me llama y me pregunta
¿Qué te está pareciendo mi novela?
Y yo le digo bien, salvo este punto
y el momento en que dice esto y aquello
y él escucha y anota y bien parece
que aquí estamos haciendo algo importante.

Quién pudiera vivir fuera de un libro,
juntar en un hatillo las palabras
y haciéndose a la mar decir: «Adiós,
me voy para morir entre las fauces
de una auténtica bestia, les regalo
la curva de mi espalda, mis bolígrafos,
el impreciso sueño de la gloria,
la implacable derrota de mi olvido».

CONOCIENDO A GENTE QUE CONOCIÓ A HIERRO

Puede que Hierro fuera omnipresente.
Cuando estoy muy borracho balbuceo
versos de Nueva York y tras un par
de copas más presumo ante las chicas
de no haber conocido a José Hierro.
Esas noches no suelo arrepentirme
hasta el atardecer del otro día:
es entonces que vuelvo a mi *Cuaderno*
y recuerdo la pausa que hacen siempre
los que lo conocieron tras decir:
«Un tipo extraordinario, Pepe Hierro...».
Los chicos de mis clases lo definen
como el poeta feo, el que tiene
la cara de ladrón. Puede que alguno,
cuando crezca, conozca casualmente
a este pequeño ejército de amigos
al cual yo no podré pertenecer.
Puede que él –o que ella– también pierda
de vez en cuando toda compostura,
cantando por encima del camión
que recorre las calles, por encima
de gatos y de perros, por encima
del cortante ulular de la ambulancia:
«Yo no conocí nunca a José Hierro,
el poeta ladrón, poeta feo.
Pero escuchen, escuchen, eso sí:
un tipo extraordinario, Pepe Hierro».

OMENAGE A LOS POETAS II

Los he visto en invierno, marcando con sus lápices
las farolas que llegan siempre tarde.

Hoy han escrito tanto
que la vida de cada uno no basta
para leer lo escrito en este día.

Los estoy viendo ahora descender
entre humo y risas roncas hacia el río:
sobre todas las cosas admiran la corriente,
su forma de escapar, su transparencia.

Nunca hablan de sus obras ni de sus miedos íntimos;
hablan de porno y sexo sin preguntas,
de beber, de aquel sueño juvenil
que cada uno apagó para poder
estar allí sentados en la orilla
escribiendo sus nombres en el agua.

EL POEMA VIRAL

Para Daniel Escandell Montiel

Tú lees porque piensas que te escribo.
Eso es algo entendible.

Yo escribo porque pienso que me lees.
Y eso es algo terrible.

SE SIENTA A LA MESA Y TECLEA
(a la manera de Juan Gelman)

El poeta abre el Word,
contempla la pantalla (el documento
no tiene todavía nombre) piensa
en qué es lo que querría contestar
(pero esto le parece cacofónico).

Vuelve a leer la carta que ha leído diez veces:
dicen que es mal poeta,
dicen que no merece los elogios,
que solamente sabe
hacer endecasílabos
(y todos parecidos entre sí).

Afirman, sin firmar, que saben sus secretos
y el poeta se asusta y se pregunta
si conocen los tonos amarillos
de la mugre que atrofia sus arterias;
los chirridos que sueltan sus pesares
cuando vaga perdido por su mundo.

El poeta le pega otro vistazo
a la carta y después teclea rápido
un poema sencillo de entender
y difícil (difícil) de escribir.

LA LLAMADA

Escribir un poema no es limpiar
un coche negro bajo el sol de julio.
Escribir un poema (un buen poema)
no es servirles paella a nueve niños
sin paciencia en la mesa de los niños
bajo el bendito sol del mes de julio.

Escribir un poema no es comer
un bocadillo seco hecho de oro
en la puerta de embarque C-14,
ni tampoco el sabor a gasoducto
del último chupito ni el camino
doliente hacia la cama.

Escribir un poema ni siquiera
es hablar por teléfono
con alguien que ya no recuerda quién
eres; de dónde llamas; por qué quieres
saber cómo se encuentra.
Escribir un poema no es colgar.

Pero después de haber escrito mucho
y de haber hecho todas estas cosas,
puedo afirmar sin miedo a equivocarme
que escribir un poema se parece
un poco a lo que he dicho, pero nunca
escribir un poema es escribir

el calor del capó y la frustración
de las marcas de cal; el breve instinto
infanticida frente al griterío;
la bola en la garganta de la estafa;
la soledad ambigua del borracho;
la tristeza sin nombre del que llama.

CITA CON EL MAESTRO

Te he esperado esta noche junto al agua
pero he esperado en vano,
y he recitado solo los versos de la infancia
poética, los versos
verdaderos que siempre imaginé
publicados al lado de los tuyos,
como autores hermanos, aunque nada
nos une
más allá de mi amor y tu visión
profética al nombrar
los que auscultasteis el corazón de la noche,
los que por el insomnio tenaz habéis oído...

Te he esperado esta noche junto al agua
y es posible, quizá, que hayas venido.
Algo ebrio y fantasmal
dichoso ya y apenas...

FRICCIONES

Despertaron al mismo tiempo en lugares distintos.
VÍCTOR BALCELLS MATAS

Los escritores muertos no suelen madrugar,
y al despertar escriben
que el escritor que habita el otro cuarto
ha muerto aquella noche.

Así viven. Matándose, aunque muertos,
porque el piso es pequeño; la ficción
de dos vivos no cabe.

El primer escritor no es escritor,
es más bien un poeta aproximado.

El segundo escritor no es el segundo
sino el primero porque es escritor
de párrafos enteros y lánguidas ficciones.
Es malvado. El poeta tampoco es inocente.

Se roban cada día los detalles
de sus historias.
Antes conversaban
pero ahora ya están muertos para el otro.

(Coda)

Tiene el piso dos cuartos, tres mil libros,
un Mackintosh antiguo, un PC viejo,
y dos cuerpos que escriben
dos muertos que se juegan cada día
el triste porvenir de la ficción.

EL CUARTO DE FÍCTOR

He dormido en un cuarto de ficción y aullidos.
Dormí sin descansar en aquel cuarto,
envuelto por el humo y por la sangre,
por los intentos rotos,
por las tramas corruptas, por toda la ignominia.

Y dormido entendí que aquel espacio
ofrece sólo sueños a los otros.
Pero el cuarto se extiende más allá de sus límites,
y sé que las ficciones también ensuciarán
otros suelos, paredes, otras sábanas.

Sé que los personajes harán fiestas
cuando intentes dormir.
No podrás reposar en ningún sitio.

A UN GARRARD DE CUERDA DEL ‘65 COMPRADO EN EBAY

He comprado un reloj por internet.
Su dueño fue un inglés, ya fallecido,
que lo recibió por cuarenta inviernos
manteniendo el sistema de Aguas público.
Cuarenta años mirando por la mierda.
Procurando que nunca se atascara,
que resultara fácil su camino.
Y uno podrá decir que lo importante
no es el reloj en sí, que lo es el gesto,
el abrazo del tiempo y la sonrisa
sutil pero sincera de aquel hombre
tomándose una pinta,
luciendo aquel reloj. Luciendo el tiempo.
Pero aquí está el objeto, en Salamanca,
subastado en eBay, ligeramente
disputado entre un ruso y un francés,
sin que al final ninguno se mojara
por el hombre que tuvo las rodillas
siempre hundidas en agua maloliente.
Y, la verdad, tampoco yo lo aprecio
como quizá el reloj se mereciera.
Y debería hacerlo.
Porque no es tan distinto dedicarse
a escribir, procurando que la mierda
fluya, que se disperse, cualquier cosa
menos dejar que aquello se te atasque.

POEMA PARA UN ESPERMATOZOIDE VAGO

Importan, la verdad, muy pocas cosas;
la lista va cambiando, no es ni bueno
ni malo. Aunque hay algunos
puntos más populares y constantes:
no estar solo. Tener con quien hablar
y dormir por las tardes la siestita.
Verás que a los humanos no nos gusta,
en general, estar sin compañía.
«Mejor solo que mal acompañado»,
escucharás decir más de una vez.
Tú no les hagas caso.
Te mirarás un día en el reflejo
de un vaso de cerveza y pensarás
en lo bien que estaría hacer reír,
provocar una lágrima, cantar
y que alguien suplicase que te calles.
Procura por lo tanto no estar solo.

¿Qué más puedo explicarte de este sitio?
Tampoco queda mucho que contar.
Verás que, como yo, hay otras personas
—por no decirte casi todo el mundo—
que intentarán contarte que la vida
es esto y es aquello y que después
nada resulta como uno esperaba.

Debes tener paciencia con nosotros,
somos muchos, nos damos todos miedo

y, a pesar de sabernos vencedores
de una carrera arcana, compartimos
juntos la sensación de haber perdido
algo en alguna parte. Y es por esto
que debes asentir y decir gracias
cuando alguien te aconseje con la vida.
Pero antes de vencer ten esto claro:
aquí no gana nadie.

EL BARCO

Soy el hombre de Nueva Inglaterra.
Soy vital en Nueva Inglaterra.
ARTHUR MILLER

Siempre cuento la historia de los barcos.
Es una buena historia.
Mi padre, marinero, surca los siete mares,
muy joven y sin hijos todavía,
transportando veleros hacia el norte.
Pero yo no lo he visto ni conozco
a nadie que me pueda confirmar
hasta dónde es historia nuestra historia.
Porque este cuento es nuestro, suyo y mío:
mi padre, jubilado, corta leña,
prepara sus pastillas, bebe vino
y espera, junto al fuego, mi llamada.
Llamaré desde un barco.
Tengo veintiséis años y poseo
unos pocos derechos
de autor que constituyen todas las esperanzas
de mi padre en el mar,
de mi padre en un mar sin fin, sin olas,
de mi padre viajero, viejo lobo.
Aunque no haya pisado nunca Nueva Inglaterra
lo he visto navegando
rumbo a Boston, perdido.
En Boston siempre cuenta que sus hijos
son fuertes, que uno escribe, que algún día

le comprará un velero con sus libros,
que todo le va bien, todo va bien,
que pronto llamará, si tiene tiempo,
y hablarán del futuro y de ese barco.

BREVE HISTORIA DE LA MUERTE

La muerte la ha creado un hombre flaco.
Un hombre muy normal que vive solo.
Empieza a estar ya viejo. Nunca sale.
Ni siquiera al pasillo. Lleva un pin
con una calavera y aprovecha
las veces que el vecino pide sal
para hablar de la liga y comentarle
que él inventó la muerte. Sin querer.

MEMORIA DE PAPEL

/1992

Siguiendo la costumbre, la casa de mi abuela
tenía las paredes cubiertas de papel.
Es algo muy normal en Inglaterra.
No olvidaré jamás esos dibujos
pálidos sobre un fondo color crema;
las horas que ocupaba memorizando rutas
imposibles trazadas con las yemas
como un niño extranjero en todas partes.

/2005

Y es por este motivo —que recordara bien
las amables paredes de papel—
que no me sorprendí al abrir la puerta
de esa casa que apenas supo reconocerme.

Hacía pocos días que ella no
vivía allí ni en otro sitio, pero
las paredes aún
ofrecían un juego parecido
al que jugaba cuando era pequeño:

mil pósits con el nombre de mi madre,
el mío y el de todos mis hermanos;
mensajes como «es viernes»;
«hoy es jueves»;

«Ben ya no vive en casa»;
«compra leche»;
números de teléfono improbables;
palabras y palabras y palabras.
Papel sobre papel sobre papel.

ESTA CASA
(Con los Accidents Polipoètics)

Para Jesús Vega
y para Rafael Metlikovez

Vivimos en el último edificio
de una ciudad sin mar.
Nuestro balcón da a un parque que nadie ha inaugurado
todavía y que nadie
conoce, porque el parque se confunde
con lo que ya no es parque sino tierra
yerma de las afueras de esta ciudad sin mar.

Y puedo imaginarme en Trinidad
recordando esta casa. Recordando el amor
creado y destruido.

En un mundo ideal, en Trinidad,
yo estaría tomando un Whiskey Sour
con un resucitado Raymond Carver,
hablando de esta casa

contemplando el océano o en silencio

recordando esta casa, ya tan lejos
de aquel tiempo sencillo en la ciudad
que nos tenía fe por ser su fin.

Pronto nos marcharemos de este sitio.

OTRO TIEMPO

Otro tiempo vendrá distinto a éste.
ÁNGEL GONZÁLEZ

Es uno de diciembre de dos mil diecisiete
y viven más de siete mil millones
de infelices y alguno satisfecho.

Ya hace tiempo que nadie se sorprende
con las grandes masacres o las nuevas pantallas
porque hoy, que ya es diciembre
dentro y fuera del verso que ahora lees,
ya podemos gritar
que ha llegado por fin un tiempo muy distinto.

Ha llegado el principio de una gran soledad
que ha de arrastrarlo todo
hacia el confín errático del año.

La soledad abrupta de los hombres,
mujeres, niños, niñas que no quieren mirar
hacia el milenio infante
ni comprenden el siglo XX más
allá de las películas de Hollywood.

Y es que el tiempo pasado no fue nunca mejor,
pero esta masa gris que nos ocupa
tampoco puede ser mejor que nada.

EXCEL

Inmolarse tampoco es tan difícil.
Yo lo hago cada día.
Me siento, colocando con cuidado
las manos a ambos lados de mi cuerpo,
y rezo cualquier cosa, o bien repito
las últimas palabras pronunciadas
por el busto de Palas en la tele.
La destrucción es fácil.
No hace falta
tampoco demasiado:
un horario,
una esperanza más o menos firme,
un sencillo pretexto
como detonador
y la escala del tiempo que perdimos
bien aferrada al tórax.

TRES COSAS

Para Sofía Castañón

Se suele repetir que con tres cosas
bien escogidas basta
para colmar cualquier aspiración.
«Salud, dinero, amor», decimos siempre
como si con amor no nos bastara.

Pero si he de elegir
escojo las tres cosas que, se dice,
necesita un piloto con problemas:
velocidad, altura y una idea.

YOU ARE NOT ALONE

Ha muerto el Rey del Pop.
                                        No hay nada más.
Esta noche se ha muerto Michael Jackson.

Nadie caminará sobre la luna,
nadie podrá volver a ser un zombi,
nadie podrá ser malo (y fuiste malo).

Nadie podrá volver a estar tan solo.

LA MANDRÁGORA
(canción)

Bajo tierra se engendran
los besos de los hombres
apestados y tristes.

La mandrágora crece
prometiendo tesoros,
los oblongos durmientes
se asfixian en su hedor;

«¡Pero es justa la muerte!»,
se consuelan los pobres.

«¡Sólo es justa la muerte!»,
ríe el enterrador.

SEPULCRO EN IBIZA
(José Manuel Muriel Fariza in memoriam)

yo diría
que un órgano sonaba por tus venas
ANTONIO COLINAS

De la isla y la luz se sabe todo
y lo que no se sabe
podemos descubrirlo en internet;
pero hay detrás
de la piedra y de la sal un eco arcano
que ignoran los turistas y los vivos;
en esta tierra roncan los guerreros
y reposan el sueño de la inmortalidad.
Los escucho ahora.
Aquí.
Contigo.
Y convoco los versos de *Sepulcro*
que tanto te sentían. Yo diría
que tu piel era suave como un cetro
y diría, además,
que dos terceras partes de esta mar
son lágrimas; que somos una tumba
donde vienen los cuerpos a vivir
y que tanta alegría nos ha dejado, ya,
expuestos para siempre y sepultados.

EL GEÓGRAFO AL-HIMYARI LE ESCRIBE A UN AMIGO

Para Lina Tur

En Yabisah la sal nunca se acaba,
en Yabisah las aguas son azules
y verdes y turquesas
y las olas descansan con el alba.
En Yabisah un amigo me espera bajo un árbol
de sombra anaranjada, su paciencia
se alimenta del canto dulce de las chicharras
y cuando llegue beberemos vino
y hablaremos de templos de Damasco
y del abrazo oscuro de las algas.
En Yabisah la sal, amigo mío,
es tan blanca y tan pura que en las noches
los caballos desvían la mirada
hacia la sal, pensando que es la luna.
En Yabisah los muertos tienen sal
en los bolsillos y con ella pagan
los favores oscuros de la tierra.
En Yabisah he llorado como un niño,
impotente ante todo, indefenso ante nada,
y he querido marcharme de sus puertos
y he querido ser viejo entre sus piedras viejas,
en Yabisah la vida comienza cuando acaba.
Y vendrán los viajeros que huyen del frío fiero
y traerán perfumes y otras músicas

a esta orilla jovial y milenaria,
y probarán la sal de la existencia
sin sospechar que hay siglos en sus lenguas;
tiempo inefable dentro de sus rojas gargantas.
En Yabisah el verano es diez segundos
más corto que en el resto de los mares
por orden de Jasón y de sus argonautas,
y, con el tiempo, el tiempo acumulado
se ofrecerá a los dioses a modo de tributo
por vivir como dioses, siendo humanos.
En Yabisah mi casa mira al mar
y espero los veleros del destino
bebiendo té y pensando en los trabajos
que quedan por hacer y en lo que nunca
podremos terminar y me sonrío.
En Yabisah la sal nunca se acaba
y aunque nuestra es la vida un solo instante
recolectemos juntos esta sal
como si ya no hubiera más mañana.

BREVE RETRATO

Lo hemos visto en los bares, desangrándose
en las aceras; roto
en otra boca más, desfigurado
rumbo a la luz de un taxi y coincidimos,
después,
apelmazando el puzle de la noche,
en que era terrorífico y volaba.

OMENAGE A LA OSCURIDAD

La oscuridad es cierta y es sincera,
no hay luz que no nos mienta a largo plazo:
La luz, siempre de paso, siempre en otro
lugar distinto y nunca en el futuro.

Qué embustera la luz y, sin embargo,
es ella la primera que se engaña:
llueve un mensaje muerto entre el vacío,
transporta los cadáveres del tiempo.
Y es toda ella mensaje,
y es toda ella cadáver,
muriendo eternamente mientras viaja.

DR. EN MEDICINA Y CIRUGÍA

La vida siempre apuesta por la vida.
En caso de hemorragia nuestro cuerpo
irá sacrificando sus órganos vitales
para así alimentar nuestro cerebro
unos segundos más.

Cuando todo parece estar muriendo
hay algo indefinido que jamás
se deja convencer, instinto ciego
suicida que jamás se rinde y vive
sólo para decir ahora, ahora,
un segundo de vida es más inmenso
que mil años de muerte
y si hay una verdad inamovible
es el verso «hoy es siempre todavía».

CORRIGIENDO A SCHRÖDINGER

Lo único que digo es que la vida
puede más.
Que la vida es
y que la muerte no;
que algo que araña, lucha y muerde
siempre
tendrá más de un cincuenta.

Muerde, lucha y araña siempre. Siempre.

25

Se me ocurre una
Ley para poetas:
una Ley que multara
a todo aquel
que siguiera escribiendo
después
de los veinticinco años
de John Keats.

EN UNA BIBLIOTECA EN SALAMANCA

Me pregunto qué esperan sobre el conglomerado,
qué les han prometido para arquearse así,
rindiendo pleitesía, cargados de esperanza.

Ignoran que las minas de sus lápices
se han roto imperceptiblemente; ignoran
que en esta biblioteca no te puedes
dejar aconsejar, que no hay amigos
y nunca los habrá.
                                        Leen. Estudian,
y aunque yo no lo quiera me recuerdan
a mi infancia en el pueblo los domingos,
viendo cómo salían de la misa.

Sí: yo también envidio vuestra fe;
vuestra creencia vaga en el mañana.

Vuestra forma sincera de desearos suerte.

DOCE VERSOS PARA MAUPASSANT

Para Javier Siedlecki

El único consuelo es comprenderse
permitiendo, eso sí, un margen de error
donde quepan los jueves neurasténicos
de mayo, los reproches adiposos,
las lecturas frugales de novelas
y el sexo renegado del kiosco.

Y muy de vez en cuando, con cautela,
—tras seis o siete copas, nunca menos—
adivinar cuál fue nuestro pasado,
al salir a la noche como cuervos
que odian la poesía cuando mienten
y escriben en el hielo que hay futuro.

ALEGRÍA

Miradla, cómo llega, es la alegría.
Allí está,
hijos míos.
Miradla bien. Miradla bien. Miradla.
Está.
Esa es.
Es esa.
Esa era.
Miradla, cómo pasa, es la alegría.

ATTILA

Terminó la primera juventud
y con su fin llegó el primer regalo
de madurez. No, no fue una corbata
—porque no usa corbata—, ni tampoco
un par calcetines. Fue una maleta buena.
Una maleta dura
de esas que uno contempla con envidia
acompañando al paso a los pilotos
y a las ejecutivas en El Prat:
hermosa, la maleta
más odiada por los cestos azules
que delatan volúmenes y excesos
en las puertas de embarque.
Ese fue su regalo.

Y al abrirla, admirando los bolsillos
y el forro suave, el cierre con su código
secreto, descubrió
un trozo de papel con un mensaje:
«Inspeccionado por Attila Blesz».

Lleva ya varios miles de kilómetros
con ella deslizándose a su lado
sin esfuerzo y sin ruido. Nada roto.
Nada flojo. Ningún hilacho suelto.
Y en muchas ocasiones, hastiado de aeropuertos,
cansado ya del viaje y del terror

rutinario de todos los despegues,
ha pensado en Attila
revisando los huecos donde hoy guarda sus libros
y la ropa interior.
Ha pensado en Attila
inspeccionando el cierre y cada rueda,
y lo ha invocado siempre cuando al fin
ha sentido el contacto con la pista,
y le ha dado las gracias en silencio
por cuidarle a su modo en la distancia.

MAÏAKOVSKI APARTA, PENSATIVO, LA NIEVE DE SU PUERTA

Dejar de amarte tanto todo el tiempo,
extrapolar la vida de la tinta
y salir a la calle a ser un hombre
más, un hombre feliz, a poder ser.

Y si no, simplemente un ser humano.
Con eso bastaría,
con tener libertad para dormir,
comer lo suficiente para andar
un poco sobre el suelo, y en otoño
no ver más que hojas secas en los árboles,
que más tarde la nieve
no sea más que nieve, si es invierno.

LORCA IMPRIME SU TARJETA DE EMBARQUE (1898-2018)

Todavía eres joven
porque no es necesario que hagas *scroll*
al elegir el año en que naciste
al facturar en Ryanair. (El año
que viene es otro tema.) Pero mira,
gira la rueda y baja hasta el final
(Giraba, / giraba la rueda).
Verás el año mil
ochocientos noventa y ocho; el año
en que nació García Lorca, alguien,
alguien en Ryanair con mucha fe
(alguien a quien yo amo desde ahora)
ha imaginado un Lorca
con ciento veinte años y ninguna
bala en el pecho frente a la pantalla,
introduciendo el código
de la reserva, el mail (¡el mail de Lorca!)
y eligiendo el asiento (ventanilla)
y dándole a imprimir (la vieja escuela)
y pensando en el viaje
y en la vida con ciento veinte años
y ni una sola bala.

ARTHUR

Y llega la sospecha de que un goce
impreciso nos espera.
MARIÀ VILLANGÓMEZ

Pero, ¿y si no llegamos?
¿Y si es cierto que todo lo que hay
es esto que ya casi pertenece
a un día sin memoria, a una luz vieja?

¿Dónde estás hoy, Arturo? Muerto. / Muerto
junto a un millón de amantes, un millón
de esputos preciosistas
[y los libros que cuentan tus miserias].

Ven, niño fiero, ven a mi regazo
y te hablaré del mar y de los ríos
que se han ido secando con tu muerte.
Ven, y podrás oír que todo es falso;

que la tristeza es ya señora y dueña
de todas las farolas / y de todas las noches
que no te conocieron. Sólo un niño
podría haberte dado lo que un niño
te arrebató; la infancia iluminada,
el amor retraído del desierto.

ROMA

Al final se ha quedado buena tarde.
Hemos comido helado
y hablando del futuro
nos hemos deslizado unos cumplidos
sinceros. No se puede pedir más.
Dos cuerpos que se tienen y se hacen compañía,
el resumen de todo lo que nos hace humanos
y la suma de lo que nos importa.

Pero en esta habitación murió John Keats,
y hemos venido a Roma por los muertos.

Reclamo tu atención entre las lápidas
y tú contemplas triste la pirámide.
Debería decirte de una vez
que siempre quise estar aquí con alguien
que aguantara mis frases ensayadas.
Si, además, comentara, distraído,
que ese alguien ya no es alguien sino tú
(una nostalgia, ya, de ti, si pienso
en regresar a Roma de otro modo),
serían las palabras más hermosas
que ha dicho aquí un mortal en treinta siglos.

EL LABERINTO DE CRISTAL

No, no fue el hospital lo que me hizo sentir
un miedo corroído, fue ver mis movimientos
como si me observara desde fuera.
Me vi veloz, resuelto en los pasillos
como si los hubiera diseñado la noche
anterior en el baño del espejo
donde, en vez de eso, puse con el dedo
índice las palabras «no te mueras»
y me quedé pensando en el vapor.

No, no fue el hospital, fue descubrirme
cómodo al apretar el siete,
feliz el ascensor,
veloz y silencioso
como la miserable creación
que está dentro de ti y que en cierta forma
eres tú. Pero tú no quieres esto,
este sentirse a gusto en este sitio
en el que nos perdimos al llegar
y donde, ahora, hay caras que conozco,
que me observan, cansados,
con la curiosidad de un científico
que anota los progresos de un ratón
blanco en un laberinto de cristal.

ESPELUY

Sí, me acuerdo de Espeluy, la estación,
porque el tren se detuvo allí una tarde
a finales de junio
y pensé en el poema de Edward Thomas.
Al final de la misma vía tú
hablabas con un médico
sobre las partes blandas de tu cuerpo,
los trozos prescindibles,
los futuros absueltos.
Nadie nos esperaba en Espeluy;
y nadie se apeó. Los olivares
esperaban noticias y el teléfono
no decía otra cosa que Espeluy,
la estación, y el castillo donde un día
un médico atendió a Santa Teresa.
Puede que ella también tuviera miedo
y que alguien la esperara en Espeluy,
que alguien sólo esperara una noticia
amable en Espeluy, tres siglos antes
de que llegara un tren,
en medio de un silencio de olivares
como este que acompaña mi inquietud
en Espeluy, un día de calor
en el arranque triste del verano.

CON

Con el amor precoz de los veranos
que guardo bajo llave en las escápulas,
con una honestidad imperturbable
y extraterrestre, siempre,
con todos los tesoros que no tengo
y con el canto dulce de la orilla,
con el pulso constante de las rocas
y con lo que no rima y con las cosas
que suenan demasiado y los silencios
que a veces sobrecogen,
y con una esperanza maternal
y con la piel y el pelo y con los ojos
de todos los pintores que han vivido.
Con la pura verdad y las mentiras,
con todo lo que quise ser un día
y con esto que soy hoy, te he querido.

EL POETA RECIBE UN WHATSAPP DEL AMOR

Me has mandado un pequeño emoticono
que brilla solitario en la pantalla,
lo miro y no comprendo y te interrogo
para saber por qué esta cara rara

viene a representarte de algún modo.
«Escribiendo» me pone, pero nada
aparece y te escribo, como un loco
y sólo me respondes una caca.

Oh, dulces y lejanas discusiones
en los que, estando juntos, nos odiamos,
sustituidas hoy por emociones

condensadas en miles de millones
de GIF o en la flamenca esa bailando
mientras se pudren nuestros corazones.

POEMA DE AMOR PORQUE NO SÉ ESCRIBIRTE OTRA COSA

Te escribo este poema (que es de amor)
porque llevo unas horas tanteando
muchas otras cuestiones:
la belleza perdida;
la infancia descuajada;
la tristeza sin nombre ni motivo.

Pero estas cosas hoy no me interesan.
Hoy sólo sé escribirte este poema.

Porque hoy te eché de menos y tú estabas
en París o en Orlando o en una calle
paralela a la mía, eso no importa.
El caso es que no estabas cuando dije:
«Todo admite cien mil puntos de vista.
¿comprendes? No es posible estar seguro,
pero si tú estuvieras frente a mí,
ahora,
si estuvieras,
sería más sencillo terminar
de una vez (como fuera) este poema».

Sería más hermoso no escribir.

NO LO DUDES

No lo dudes: a ti van estos versos.
Sabes bien que no puedo referirme
a otra persona; este poema es tuyo.

Pero por si dudaras todavía,
diré que te he querido y que no sabes
tantas cosas de mí como yo sé
que sabemos los dos de nuestros cuerpos.

Veo que todavía desconfías.
Haces bien; yo tampoco estoy seguro
de que puedas ser tú, después de todo.

EL FINAL DEL AMOR

El final del amor, un cómodo presagio.
Llega como la lluvia, arriba lento,
dulce como los últimos rescoldos
del Cutty Sark (el Este y el Oeste
fueron sólo una foto y qué decir
entonces del final si todavía
nadie había prohibido las palomas
en Trafalgar).
                    (Las playas de Occidente
fueron siempre metáforas sublimes.)

El final del amor, un curso inútil,
sencillo, despreciable.
El final del amor es siempre el mismo:
una ristra sencilla de reproches,
un orinal sin arte que proyecta
una sombra que a nada se parece
y que siempre es posible reconocer de nuevo.

ESTHER

Hundida entre las letras de tu nombre
siniestra y silenciosa hay una hache.
Cuando pasaban lista en el colegio
no la escuchaba nadie e invisible
recorría pupitres en tu busca
y siempre te encontraba;
                                        un afilado
cuchillo entre los labios de aquel monstruo.
Tampoco se escuchaba su estertor
años más tarde, el día de tu boda.
Ni el mal nacido día en que tú mueras
pienso yo que se escuche cuando lloren
tu nombre diminuto las bombillas
de las habitaciones donde has sido
herradura de hielo,
carne y niña,
                              un híbrido de un hada
y de una exhalación. Nadie lo sabe
pero estuvo y está.
                                   Y es imposible
escribir hoy tu nombre de otra forma.
Imposible, tras conocerte,
no volverse un gramático purista
de esos que literalmente dedican
las horas que les quedan por vivir
a defender tus reglas ortográficas
o, lo mismo, a vivir reivindicando
que tu nombre se escriba como se ama.

VENTAJAS VARIAS Y LA GRAN MENTIRA

Claro que los poemas también tienen
algunas cosas buenas:
para empezar, son breves (casi siempre)
y no tienes por qué leerlos todos.
También es importante remarcar
que ser visto leyendo poesía
inclina un cuatro y medio hacia aprobado.
Y habría que decir que normalmente
las bibliotecas tienen disponibles
casi todos sus libros de poemas.
Pero que no te engañen. Estas son
algunas –si no todas– las ventajas.
No dejes que te digan que se liga.
Que quede claro ahora y para siempre:
no se liga, repito, no se liga
en absoluto con la poesía.

HUSOS

He estudiado los husos y ya sé
por qué me duele tanto tu aventura:

pienso en tu cuerpo lejos de mis manos
—vivo en España donde todo es triste
y tú en Irlanda donde todo es verde—.

Y cuando tú le besas en Dublín
aquí ya hace una hora de ese beso.

Es como si estuviera
escrito de antemano. Los sonidos
precisos de tus labios al rozar
los suyos, cuando aquí
llevo ya tres mil seiscientos segundos
con las sienes hinchadas por el son.

Toda una hora que siempre me atormenta.

Porque es una hora más que me has faltado
y una hora que le queda todavía
al otro, amor, contigo.

ESCUCHANDO A CROWDED HOUSE

Tendríamos que haber sido más cautos:
quizá hubiera bastado con besarse
con algo más de entrega o qué se yo.
Las cosas no son siempre como dicen
los recién divorciados ni son nunca
tan buenas como afirma el presidente.

Todo esto es esperable pero sí:
tendríamos que haber cuidado más
los pequeños detalles al besarnos;
las manos o los labios, no lo sé,
no tengo una respuesta para todo.
Sólo digo que hubiéramos podido

aprovechar entonces lo que ahora
resulta a todas luces irrisorio.
Tendríamos que haber sido más cautos:
quizá hubiera bastado con besarse
con algo más de entrega o qué se yo.
Debimos procurar enamorarnos.

LA MAMPARRA
(o el amor)

No digas que no tienta tanta luz.
No digas que no atonta y que no ofrece
algo muy parecido a los domingos
soleados; a ramas rebosantes
de adjetivos maduros y de pulpa
dulce y anaranjada. No me adviertas,
no quiero conocer las consecuencias,
no quiero ni siquiera sospechar
cuánta muerte se esconde en la belleza.

No digas que no tienta amigo mío.
No digas que es posible continuar
así, como si nada, como un pez
que lo ha olvidado todo en dos segundos,
que seguirá viviendo, por supuesto,
que seguirá nadando un tiempo más,
un tiempo y sólo un tiempo limitado,
que seguirá soñando con el día
en el que estuvo cerca de la luz.

EL VERSO PERFECTO

No sueñes con el verso perfecto del pájaro.
Ese verso existía anoche, sí,
pero ya se ha perdido con el nuevo
día y todas las cosas que ese día
traerá. Son las cosas que no esperas.
Las cosas que vendrán
y que se llevan,
a cambio, sólo un verso perfecto sobre un pájaro
del que ya no te acuerdas,
pero que fue y podría ser de nuevo
si sólo te aplicaras, si durmieras
el mismo sueño, si pudieras ser
el mismo hombre de anoche;
extraño, joven
expectante por todo lo que el día
nuevo depara. El día, que ya extiende
sus largas alas negras hacia el alba
y que en cualquier momento
puede echar a volar.

ÍNDICE

Armisticio
(2008-2018)
de
Ben Clark
se terminó de imprimir
y encuadernar
el 3 de febrero de 2019,
día de la muerte de
Buddy Holly, Ritchie Valens
y The Big Bopper
(en 1959)